Comunidades creativas

Heather Gallagher

Asesoras de contenido

Cheryl Norman Lane, M.A.Ed.
Maestra
Distrito Escolar Unificado del Valle de Chino

Jennifer M. Lopez, M.S.Ed., NBCT
Coordinadora superior, Historia/Estudios sociales
Escuelas Públicas de Norfolk

Asesoras de iCivics

Emma Humphries, Ph.D.
Directora general de educación

Taylor Davis, M.T.
Directora de currículo y contenido

Natacha Scott, MAT
Directora de relaciones con los educadores

Créditos de publicación

Rachelle Cracchiolo, M.S.Ed., *Editora*
Emily R. Smith, M.A.Ed., *Vicepresidenta de desarrollo de contenido*
Véronique Bos, *Directora creativa*
Dona Herweck Rice, *Gerenta general de contenido*
Caroline Gasca, M.S.Ed., *Gerenta general de contenido*
Fabiola Sepulveda, *Diseñadora gráfica de la serie*

Créditos de imágenes: pág.5 Natalia Babok/iStock /págs.6–9 (montajes) Fabiola Sepulveda; págs.10–11 Judy Griesedieck; págs.12–13 Illegal Art (www.illegalart.org); pág.14 Tanya Hart a través de Flickr; pág.15 Andrew Harker/Shutterstock; págs.16–17 Chicago Botanic Garden; pág.18 (derecha) Bart Everson a través de Flickr; pág.19 cortesía de Community Visions Unlimited; pág.20 ATLbiker a través de Wikicommons; pág.21 (superior) Onehiroki a través de Wikicommons; pág.21 (inferior) Robert Neff; pág.23 (superior) © WashedAshore.org; pág.23 (inferior) Damon Higgins/The Palm Beach Post a través de ZUMA Wire/Newscom; págs.24–25 Jonathan Alcorn/ZUMA Press/Alamy; pág.25 (superior) Joe Sohm Universal Images Group/Newscom; págs.26–27 David Grossman/Alamy; pág.28 Lucy Brown/iStock; pág.29 Frances M. Roberts/Newscom; todas las demás imágenes cortesía de iStock y/o Shutterstock

Library of Congress Cataloging-in-Publication Data

Names: Gallagher, Heather, author.
Title: Comunidades creativas / Heather Gallagher.
Other titles: Creativity in communities. Spanish
Description: Huntington Beach, CA : Teacher Created Materials, [2022] | Series: iCivics | Includes index. | Audience: Grades 2-3 | Summary: "All around the country, people are working to make their communities better. They are gardening, painting, singing, and more. And they are doing it all together! Learn more about how people find ways to be creative in their communities"-- Provided by publisher.
Identifiers: LCCN 2021039575 (print) | LCCN 2021039576 (ebook) | ISBN 9781087622743 (paperback) | ISBN 9781087624068 (epub)
Subjects: LCSH: Community arts projects--United States--Juvenile literature. | Artists and community--United States--Juvenile literature.
Classification: LCC NX180.A77 G3513 2022 (print) | LCC NX180.A77 (ebook) | DDC 700.1/03--dc23
LC record available at https://lccn.loc.gov/2021039575
LC ebook record available at https://lccn.loc.gov/2021039576

TCM Teacher Created Materials

5482 Argosy Avenue
Huntington Beach, CA 92649-1039
www.tcmpub.com
ISBN 978-1-0876-2274-3
© 2022 Teacher Created Materials, Inc.

Contenido

Creatividad en las comunidades

¿Cómo te sientes cuando creas algo? El arte es una gran manera de mostrar cómo te sientes. Puedes usar el arte para decir que estás feliz. Puedes usar el arte para decir que estás triste. Puedes usar el arte para conectarte con otras personas. ¡También puedes usar el arte para crear conciencia y lograr cambios en tu comunidad!

Estas artistas dibujan con tiza en la calle.

Esta artista pinta en su taller.

En todo el país, las personas se reúnen para hacer arte. Hacen arte en las escuelas, en los ayuntamientos y en las calles. Al mismo tiempo, hacen amigos. También mejoran sus comunidades. Para muchos de estos proyectos no se necesita tener un talento especial. Son actividades divertidas que cualquiera puede hacer. ¡Tú también puedes hacerlas!

★ ★
★
Salta a
la ficción →

Alex, el Plano, en una aventura

Hola, soy Alex. Acabo de regresar de un viaje con mi tía. Mi tía Marta es artista. Hicimos un viaje para ver los proyectos en los que está trabajando. ¡Fue todo un éxito! Bueno... casi todo un éxito. Espera, me estoy adelantando.

Mi historia comienza cuando llegué a la casa de mi tía Marta. Pensaba dibujar un Alex plano. ¿Conoces el libro *Esteban, el Plano,* de Jeff Brown? Es sobre un niño que queda plano porque lo aplasta un tablón de anuncios. A pesar de que Esteban, el Plano, es..., bueno..., plano, tiene todo tipo de aventuras. ¡Yo quería que Alex, el Plano, también tuviera aventuras! ¡Y vaya si las tuvimos! Fuimos a la playa y a la montaña. Vimos ciudades y granjas. Había mucho que ver y hacer. Luego, ¡mi tía Marta añadió un giro divertido!

Un día, mi tía Marta dijo que tenía una sorpresa. Era un proyecto de arte llamado "Cartas para mí". Teníamos que escribirnos cartas a nuestro yo futuro. También incluiríamos en las cartas dibujos de cosas que habíamos visto y hecho. Luego, le pediríamos a alguien que nos enviara nuestras cartas en unos seis meses. ¡Era una idea genial!

Pasé mucho tiempo pensando en lo que quería escribir y dibujar. Quería recordar lo especial que había sido el viaje. Por ejemplo, escribí sobre cómo Alex, el Plano, y yo ayudamos a pintar un mural GIGANTE. Y escribí sobre el gran castillo de arena que hicimos después de ver un hermoso concurso de castillos de arena. Luego, cerré el sobre y lo entregué.

Cuando estábamos por salir, me di cuenta del error que había cometido. ¡Había puesto a Alex, el Plano, en el sobre! Lo siento, Alex, el Plano... ¡Supongo que te veré en seis meses!

Vuelve al texto de no ficción

El Noreste

A Ellen Griesedieck le encanta hacer arte a lo grande. Y su proyecto llamado American Mural Project es ¡GRANDE! El **mural** muestra a personas trabajando. Griesedieck dice que el mural inspira a los niños a pensar en lo que quieren ser cuando sean grandes.

El mural está hecho con todo tipo de materiales. Algunas partes están pintadas. Algunas partes están hechas con vidrio. ¡Incluso hay una parte hecha con relojes viejos! Más de 15,000 personas de todo el mundo se han sumado hasta ahora. Es como un rompecabezas gigante. Griesedieck reserva un lugar especial para cada pieza mientras se hace.

Griesedieck ayuda a unos estudiantes a diseñar su parte del mural.

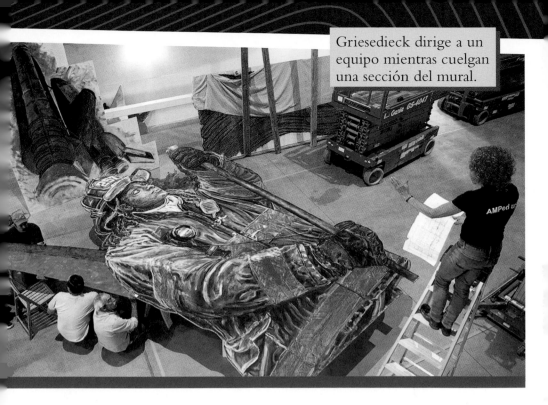

Griesedieck dirige a un equipo mientras cuelgan una sección del mural.

Cada año, el mural se hace más grande. Está colgado en una antigua fábrica de Connecticut. ¡Tuvieron que levantar el techo de la fábrica para que entrara el mural! Las personas pueden ver y estudiar el mural a medida que crece. Pueden ver lo que ocurre cuando la gente se une a través del arte.

Un mural verdaderamente estadounidense

Griesedieck no puede terminar su proyecto por su cuenta. Por suerte, ¡muchas personas quieren ayudar! Su objetivo es que al menos una persona de cada estado se sume al mural.

El programa Illegal Art [Arte Ilegal] es otro ejemplo de arte comunitario. Comenzó con algunos artistas de Nueva York que tenían objetivos comunes. Querían hacer del mundo un lugar mejor y, al mismo tiempo, ayudar a las personas a sentirse parte de algo grande. Así que se les ocurrió trabajar con proyectos en los que fuera fácil participar. Cada proyecto está pensado para que la gente lo complete y lo comparta. A veces, los artistas pintan grandes preguntas que quieren que la gente responda. Otras veces, colocan carteles que dicen "Veo, veo" para que las personas escriban en ellos.

Los artistas de Illegal Art encuentran maneras divertidas de hacer que las personas participen. Un ejemplo es su proyecto llamado "To Me" [Para mí]. El plan era capturar un momento en el tiempo. Primero, las personas escogen una postal de una pared que está llena de postales en blanco. Luego, escriben una nota a su "yo del futuro" y devuelven la tarjeta. En seis meses, reciben las notas por correo. El objetivo del proyecto es celebrar el pasado y el futuro de las personas.

Piensa y habla

¿Qué escribirías en una nota para tu yo del futuro?

El Medio Oeste

En 2019, un grupo de Corning, Iowa, quiso honrar a los soldados que habían muerto. Habían pasado 100 años desde el fin de la **Primera Guerra Mundial**. Más de 3,000 soldados de Iowa murieron en la guerra. Entonces, el grupo ideó un plan. Iban a **tejer** amapolas de **croché**. Las amapolas son flores. También son un símbolo de las personas que han muerto en las guerras. Sin embargo, las amapolas de Iowa estarían hechas de hilo. Las flores naturales pueden morir rápidamente. Las amapolas de Iowa durarán más tiempo.

Esta mujer hizo una cadena de amapolas tejidas.

El grupo de Iowa quería que hubiera muchas amapolas. Entonces, pidieron ayuda. ¡La respuesta los sorprendió! Recibieron miles de amapolas. Con tantas amapolas, cada soldado podía ser honrado.

El grupo colocó las amapolas en un parque. Las amapolas formaban un patrón colorido. También eran parte de una exhibición artística especial. La exhibición se llama *These Fallen Friends*, que significa "nuestros amigos caídos".

Conexiones de croché

La asociación Crochet Guild of America tiene miles de miembros. El objetivo de este grupo es ayudar a las personas a conectarse a través del croché. El grupo también ayuda a las personas a aprender croché.

Estas amapolas tejidas forman parte de un monumento conmemorativo de la Primera Guerra Mundial.

LEST WE FORGET

El arte no es la única manera en que una comunidad puede ser creativa. En 2003, comenzó el programa Windy City Harvest Youth Farm, una granja juvenil con sede en Chicago, Illinois. Unos 90 adolescentes trabajan en la granja cada año. El programa les enseña a cultivar, **cosechar** y a cocinar alimentos saludables. También les enseña a vender sus **productos agrícolas** en los mercados locales.

El programa ha crecido mucho desde sus inicios. Durante su primer año, solo había una granja. Ahora hay más de 10 granjas. Están ubicadas en Chicago y sus alrededores. Algunas de las granjas ¡incluso están en azoteas de edificios! Los trabajadores de la granja juvenil tienen una excelente vista de la ciudad mientras trabajan.

Un trabajador de la granja juvenil cuida una planta.

Desiertos alimentarios

La granja juvenil vende la mayoría de sus cultivos a "desiertos alimentarios". Son lugares que no tienen acceso fácil a alimentos saludables. Se han cultivado y vendido a desiertos alimentarios más de 100,000 libras (45 toneladas métricas) de productos agrícolas. ¡Eso es lo que pesan 30 carros!

jóvenes trabajadores de la granja, orgullosos de su trabajo

El Sur

En 1993, un grupo de Nueva Orleans, Luisiana, formó una organización llamada Community Visions Unlimited (CVU, por sus siglas en inglés). Su objetivo era encontrar una manera de añadir arte a la ciudad. Entonces, contrataron a artistas locales para que pintaran las **cajas eléctricas**. Las simples cajas grises se convirtieron en obras de arte.

Al principio, los artistas pintaron solo en un vecindario. Luego, el huracán Katrina azotó Nueva Orleans en 2005. CVU quiso ayudar. Así que ampliaron el programa a las zonas cercanas. ¡Los artistas locales ya han pintado más de 230 cajas eléctricas! Adornan las ciudades y cuentan con mucho apoyo de la comunidad.

caja eléctrica sin pintar

Una artista de CVU trabaja en el diseño de una caja eléctrica.

Cada vecindario describe cómo quiere que sean sus cajas. Luego, CVU escoge a un artista local para que diseñe y pinte la caja. CVU les proporciona a los artistas la pintura y los materiales. Los artistas también reciben reconocimiento por su trabajo.

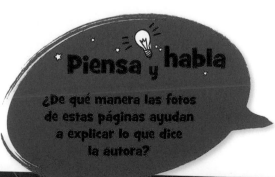

Piensa y habla

¿De qué manera las fotos de estas páginas ayudan a explicar lo que dice la autora?

En 1999, a un estudiante de Atlanta, Georgia, se le ocurrió una manera de mejorar la ciudad. Ryan Gravel vio kilómetros de viejas vías de tren sin usar. Pensó que esas vías podrían convertirse en algo nuevo. Les escribió a los líderes locales para contarles sus planes. ¡Su idea les pareció genial!

El área transformada se llama Atlanta BeltLine. BeltLine ofrece actividades divertidas para hacer. Se puede disfrutar de parques y espacios verdes. Se puede visitar el nuevo parque de patinaje. También se puede disfrutar de los kilómetros de arte que hay allí.

El arte ha formado parte de BeltLine desde 2010. Cada año, los artistas exponen nuevas obras de arte. Todas las obras son gratuitas. Hay murales y **esculturas**. Hay fotografías y espectáculos. Incluso hay días para que quienes no son artistas puedan ir a BeltLine a pintar junto a algunos de los artistas más famosos de Atlanta.

Esta obra de arte en BeltLine está debajo de un puente.

Mucho para ver

Hay más de 450 espectáculos y obras de arte que los visitantes pueden ver en Atlanta BeltLine. ¡Eso no es todo! Hay rutas de ciclismo y senderismo. Hay huertos y clases de gimnasia. ¡Atlanta BeltLine tiene algo para todos!

Estas esculturas parecen estar caminando por uno de los senderos de BeltLine.

El Oeste

En Portland, Oregón, el proyecto Washed Ashore hace obras de arte que comunican un mensaje. Angela Haseltine Pozzi fundó el proyecto. Estaba sorprendida con la cantidad de plástico que depositaba el mar en las playas locales. Quería llamar la atención sobre el problema de la **contaminación**. Entonces, decidió hacer obras de arte con el tema del océano usando el plástico que había encontrado.

El proyecto Washed Ashore ha crecido rápidamente. Más de 10,000 voluntarios han ayudado a limpiar las playas. Los artistas han convertido esos trozos de plástico en más de 70 esculturas.

El proyecto Washed Ashore hace giras con las esculturas. Pozzi quiere que las personas vean el problema con sus propios ojos. Y no piensa dejar de hacerlo, al menos por ahora. Pozzi dice que seguirá trabajando hasta que "no haya más plástico en las playas".

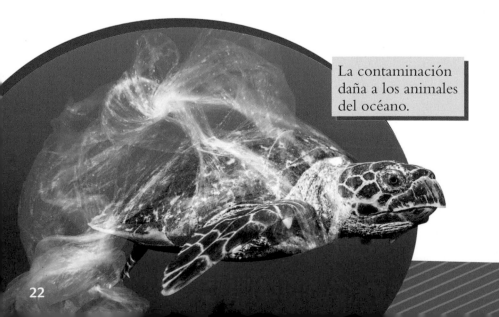

La contaminación daña a los animales del océano.

Una artista del proyecto Washed Ashore comienza a crear un pez.

Priscilla, el pez loro, es de plástico.

Venice, California, es conocida por su arte y su cultura. Las Venice Art Walls están en el corazón de Venice Beach. Son unas paredes famosas en todo el mundo. Parte de lo que las hace únicas es que es legal pintar **grafitis** allí. En la mayoría de los lugares, los grafitis son ilegales. En las Art Walls, ¡cuantos más grafitis, mejor! Las personas pueden llevar latas de pintura en aerosol y mostrar sus habilidades.

Esas paredes también son únicas porque todos los que quieran pintar allí son bienvenidos. No es necesario ser artista profesional. Miles de personas de todo el mundo han dejado su huella allí. Es por eso que una sección de la pared tiene ¡más de 8,000 libras (3.6 toneladas métricas) de pintura!

Permiso para pintar

Las Art Walls son uno de los únicos lugares del país donde los grafitis son legales. El único límite es que primero hay que obtener una **autorización**. Las autorizaciones les indican a los artistas dónde pintar para que no tapen el trabajo de otros. Las autorizaciones son gratuitas, ¡así que cualquiera puede conseguir una!

Te hace bien

Los médicos han descubierto que hacer arte es una manera de mantenerse sano. Hacer arte puede ayudar a las personas a estar menos estresadas. Incluso puede ayudarlas a recordar mejor.

En todo Estados Unidos

Hay proyectos interesantes en todo el país. El arte y otros proyectos creativos pueden ser maneras de expresar sentimientos. Pueden ayudar a las personas a decir lo que piensan. Pueden ser maneras de conectarse con otros. Los proyectos pueden usarse para hacer felices a las personas. Pueden usarse para unir a las personas. Pueden usarse para que los espacios viejos parezcan nuevos otra vez.

Participar en esos proyectos puede ayudar a las personas a sentirse bien. Los médicos saben que las personas se sienten mejor cuando piensan de manera creativa. Los médicos también saben que incluso mirar arte puede hacer que las personas se sientan mejor. Cuando el arte y otros proyectos creativos involucran a toda una comunidad, ¡el impacto es aún mayor!

Todos podemos dejar una huella en nuestra comunidad. El primer paso es encontrar proyectos cercanos. O puedes ir a una exposición de arte local o a un centro comunitario. Puedes ver lo que otras personas están haciendo para mejorar la zona en la que vives. Ellos pueden ayudarte a aprender más. También pueden ayudarte a pensar ideas nuevas.

Tal vez un día comiences tu propio proyecto comunitario. Puedes empezar por algo pequeño. ¡Los proyectos pequeños pueden tener un gran impacto! Mejorarás tu comunidad y tendrás beneficios personales al mismo tiempo. Llegarás a conocer más a las personas. Podrás encontrar nuevas maneras de ayudar a los demás. Puedes encontrar la manera de alegrarle el día a alguien. Y también aprenderás mucho ¡y te divertirás!

Estas personas hacen arte con aserrín teñido.

¡Llamando a todos los craftivistas!

Un estilo de arte que está en **auge** en todo el país es el *craftivismo*. El término craftivismo une dos palabras: artesanía (*craft* en inglés) y activismo. El *activismo* es hacer acciones para que las cosas cambien. Los craftivistas usan el arte y las artesanías para generar cambios.

Glosario

auge: crecimiento

autorización: una declaración escrita que dice que alguien tiene permiso para hacer algo

cajas eléctricas: cajas de metal que contienen equipos eléctricos

contaminación: sustancias que ensucian el agua, la tierra o el aire y que no son adecuadas o seguras

cosechar: recoger lo que se plantó

croché: un tipo de manualidad que que consiste en tejer lazos de hilo con una aguja de gancho

esculturas: obras de arte que se hacen tallando sustancias duras, moldeando plásticos o fundiendo metales

grafitis: dibujos o letras escritos en una superficie pública

mural: una obra de arte que se realiza aplicando pintura u otros materiales en una pared

Primera Guerra Mundial: una guerra que se peleó principalmente en Europa entre 1914 y 1918

productos agrícolas: frutas y verduras frescas

tejer: entrecruzar trozos de lana o hilo usando agujas u otras herramientas

Índice

Civismo en acción

Los voluntarios ayudan a mejorar su comunidad. Pero estas cosas no suceden solas. Alguien debe llevarlas a cabo. A veces, el grupo necesita un nombre. Así, las personas saben de qué se trata. Puedes crear una actividad para que un grupo de voluntarios ayude a tu comunidad.

1. Escoge una actividad para ayudar a tu comunidad. ¡Sé creativo!

2. Ponle nombre a tu grupo de voluntarios.

3. Explica cómo se puede participar.

4. Haz un plan. Señala dónde y cuándo necesitas que las personas trabajen. Diles lo que van a hacer.

5. Diseña una página web o un cartel para que las personas puedan saber sobre tu grupo y cómo ayudar.